Printed by Libri Plureos GmbH in Hamburg,
Germany

9 789948 444190

الشيخ الأبيض

الشيخة حور بنت الشيخ سلطان بن محمد القاسمي

الدكتور سلطان بن محمد القاسمي

الشيخ الأبيض

منشورات
القاسمي
AL QASIMI
PUBLICATIONS

العنوان: الشيخ الأبيض

اسم المؤلف: الدكتور سلطان بن محمد القاسمي (الإمارات)

اسم الناشر: منشورات القاسمي، الشارقة، الإمارات العربية المتحدة

الطبعة الثالثة: ١٤٤٥هـ- ٢٠٢٣م

© حقوق الطبع محفوظة للناشر

*

الفهرسة الوصفية أثناء النشر: مكتبة الشارقة ، إدارة المكتبات ، هيئة الشارقة للكتاب،

الشارقة ، الإمارات العربية المتحدة

٨١٣,٠٨٣

ق س. ش القاسمي، سلطان بن محمد بن صقر، حاكم الشارقة، ١٩٣٩-

الشيخ الأبيض / سلطان بن محمد القاسمي . — ط. ٣ .- الشارقة، الإمارات العربية

المتحدة : منشورات القاسمي، ٢٠٢٣م.

١٢٠ص. ؛ ١٣ X ١٩ سم.

تدمك : ٠-١٩-٤٤٤-٩٩٤٨-٩٧٨

١- القصص الواقعية ٢- القصص العربية – الامارات العربية المتحدة ٣- القصص

التاريخية أ — العنوان

*

الترقيم الدولي : ٠-١٩-٤٤٤-٩٩٤٨-٩٧٨

*

إذن طباعة رقم MC-٠٣-٠١-٩٥٨١١٤٤ بتاريخ ٢٠٢٣/٩/٢١م،

مكتب تنظيم الإعلام ، وزارة الثقافة والشباب ، الإمارات العربية المتحدة

الطباعة : AL Bony Printing Press- Sharjah، UAE

الفئة العمرية : E

*

التوزيع: منشورات القاسمي

ص.ب : ٦٤٠٠٩ الشارقة ، الإمارات العربية المتحدة

هاتف: ٠٠٩٧١٦٥٠٩٠٠٠٠، براق: ٠٠٩٧١٦٥٥٢٠٠٧٠،

البريد الإلكتروني : info@aqp.ae

المقدمة

زارني الممثل الأمريكي «باتريك سويزي» «Patrick Swayze» في السنة التي سبقت كتابة الرواية ، وأثناء مجاذبة الحديث ، ذكر لي بأنه رغب مرة في أن يمثل دور شيخ عربي ، وقد طلب من مدير أعماله أن يبحث له عن قصة عربية ، بطلها عربي سيقوم هو بتمثيل دوره في فيلم ، فأجابه مدير أعماله بأن العربي ذو ملامح خاصة لا تنطبق عليه .

قال السيد «سويزي» بأنه رد عليه قائلاً : لنبتدع

قصة ونذكر بأن جنديا من الجيش الأمريكي ،
الذي نزل في شمال إفريقيا إبان الحرب العالمية
الثانية ، تاه في الصحراء فوجدته القبائل وعاش
لدى تلك القبائل ، حتى أصبح واحدا منهم ثم
صار شيخا عليهم .

قلت له : «ما رأيك لو كتبت لك قصة
حقيقية؟»

قال : «ارْوِها لي» .

فرويت له الرواية التالية ..

المؤلف

-١-

في أقصى الشرق من إقليم ظفار وفي بلدة مرباط ، حدثت معركة حامية . كان ذلك في سنة ١٨٣٩م ، عندما جرح عبد الله ابن محمد ، الذي كان يقود رجالا من قبيلة المهرة لاسترداد مرباط من قبيلة القرا، فنقل على إثر ذلك إلى قلعة مرباط . وأخذ رجلان من المهرة يضمدان جراحه ، وسألاه عن أصله ، لأنه كان يتردد بين أهل المهرة بأنه غير عربي .

فأجاب عبد الله بأنه «جوهانس هيرمان بول»

«Johannes Herman Poll» أمريكي الأصل ، وأمه وأبوه من أصل هولندي ، من مدينة تسمى «سيلم» «Salem» ، في الولايات المتحدة الأمريكية .

سرح عبد الله بخياله محاولاً تذكر موطنه الأصلــي . كـانت تتراءى أمامـه صـور غـير مكتملـة . الزمن واستمرار وجوده مع العرب محت من ذاكرته كثيرا من صور أيام حياته الأولى .

تذكر «سيلم» ، تلك المدينة المزدحمة بالسكان وميناءها الذي كانت ترسو فيه سفن كثيرة ، جالبة إليها البضائع من كل بقاع الأرض. كانت صور ملاك السفن تمر بذاكرته ، «ويليام غراي» «William Gray» التاجر المعروف في مدينة «سيلم» ، والسيد «وليام أورن» «William Orne» صاحب السفن الكثيرة ، ومالك سفينة «إيسكس»

«Wiliam Bentley» «وليام بنتلي» ، وكذلك «Essex» ،
الشخصية المبجلة في «سيلم» ، فكان يوم إنزال
سفينته إلى البحر يوما عظيما لا ينسى ، عطلت
فيه المدارس ، وترك العمال والصناع عدتهم ،
واندفعوا مع الحشود إلى شاطئ البحر ، لمشاهدة
ذلك الحدث البهيج .

تذكر والده ووالدته ، والأشياء التي كانت
في بيتهم ، مرآة كبيرة ، وساعة حائط ، وكتبا
كثيرة .

كذلك مر بخياله ذهابه إلى المدرسة ، وحاول
أن يتذكر شيئا مما تعلمه ، لكنه لم يستطع .

تذكر عبد الله أسماء القباطنة ، والتي كانت
تترادف مع كل مغامرة من المغامرات التي كانت
تروى في «سيلم» . من ضمن تلك الأسماء كان

كابتن «جوزيف أورن» «Joseph Orne» ، قبطان السفينة «إيسكس» .

بدأ عبد الله يروي قصته :

في سنة ١٨٠٥م ، وصلت من المخا ثماني سفن تابعة لتجار من «سيلم» ، وقيل إن أرباح أولئك التجار بلغت ٢٠٠٪ ، مما دفع السيد «وليام أورن» إلى أن يبعث بسفينته «إيسكس» إلى شواطئ الجزيرة العربية ، لينال من تلك التجارة المربحة .

كان كابتن «جوزيف أورن» ، قبطان السفينة «إيسكس» ، لا يعرف شيئا عن شواطئ الجزيرة العربية ، ومع ذلك كلفه عمه السيد «وليام أورن» بتلك المهمة ، ودفع له ستين ألف دولار أمريكي نقداً لشراء البن من المخا . وأركب الصبي

«جوهانس هيرمان بول» للعمل كغلام على السفينة «إيسكس» ، وكان عمره في ذلك الوقت تسع سنوات .

كان من عادة سكان «سيلم» أن يُركِبوا أبناءهم في سن العاشرة للعمل كغلمان في السفن ، حتى إذا ما بلغ الواحد منهم سن الثامنة عشرة ، أصبح بحاراً ماهراً .

صورة بقيت عالقة في ذاكرة «بول» عندما قيل له : ودِّعْ والديك .. إننا سنترك «سيلم» . هرول «بول» إلى بيته ، عندها كانت كل أفراح الطفولة والصداقات المحببة إليه تتزاحم إلى ذاكرته ، وتشد نفسه إلى الأرض التي أحبها . وما إن وصل «بول» إلى بيته ، حتى ارتمى في حضن والدته ، ولم يستطع أن يطمس دمعتين سقطتا

على يدها ، فرفعته وهي توجهه إلى والده ذارفة الدموع ، فضمه والده إلى صدره ثم أمسكه بكلتا يديه ، وقال له : «إنك رجل ، وتستطيع تحمل عناء السفر» ، وأخذه بيده وخرجا من البيت متوجهين إلى الشاطئ ، حيث كانت السفينة «إيسكس» على استعداد للسفر .

بعد انتظار لريح مناسبة ، رحلت السفينة «إيسكس» في منتصف شهر نوفمبر من سنة ١٨٠٥م ، متوجهة إلى المخا في البحر الأحمر . كان على السفن المسافرة من مدينة «سيلم» إلى رأس الرجاء الصالح أن تتجه جنوبا إلى ساحل البرازيل ، ومن هناك تتجه شرقا حتى تصل إلى رأس الرجاء الصالح .

أخذت السفينة «إيسكس» تبتعد عن الساحل ، حتى إذا ما اختفى ، أخذ «بول»

يسلي نفسه بمنظر ذلك المحيط ، وتمايل السفينة «إيسكس» بين أمواجه .. وعندما أظلم الليل ، شعر «بول» بالخوف ، فناداه كابتن «أورن» ، فوجده خائفاً والدموع تترقرق في عينيه ، وقال له : «الخوف شعور الأطفال ، والدموع ليست للرجال ، انتبه أيها الرجل الصغير ، وتأكد أنك يوما ما ستدير هذه الدفة ، وتعبر المحيطات» .

شعر «بول» في بداية الرحلة بالهدام ، لكنه بعد أن هبت الريح بشدة ، وأخذت السفينة تندفع بسرعة ، هدأ روعه .

كان منظر السماء جميلا ، حيث كانت السحب تنتشر في كل اتجاه ، و«بول» يجول ببصره ويتسلى بمنظر السحاب .

وصلت السفينة إلى ساحل البرازيل ، ومن

هناك اتجهت إلى الجنوب من رأس الرجاء الصالح .

بعد أيام عدة ، بدأ الطقس يميل إلى الدفء ، والطيور بدأت تلوح في الأفق ، وتحوم حول السفينة ، عندها تيقن كابتن «أورن» أنه قريب من جزيرة «موريشيوس» .

اتجهت الرحلة بعد ذلك إلى الشمال ، ولمدة أسبوعين ، مارة بين جزيرة سقطرى ورأس غردافي في إفريقيا ، حيث وصلت ميناء عدن ، على مدخل البحر الأحمر في بداية شهر مارس من سنة ١٨٠٦م .

-٢-

كان الإنجليز يسيطرون سيطرة تامة على البحر الأحمر منذ سنة ١٨٠١م ، بعدما أخرجوا الفرنسيين من مصر في تلك السنة . حينها كان الإنجليز يفكرون في احتلال جزيرة كمران ، وهي جزيرة قاحلة تقع قبالة مدينة اللُحيّة في البحر الأحمر ، ليجعلوها مقراً لتجمع قواتهم المتواجدة في البحر الأحمر ، وإقامة مستشفى لهم هناك ، فقد كان نزول الإنجليز في جدة والمخا يلاقي صعوبات من قبل المسؤولين في تلك

الموانئ . وفي السنة نفسها حصل الإنجليز على «فرمان» من الحكومة العثمانية لاستعمال تلك الجزيرة ، لكنهم أهملوا ذلك المشروع لاستقرار الأمور هناك .

بعد أربع سنوات من ابتعاد الفرنسيين عن البحر الأحمر ، عاودوا الرغبة في إقامة مستعمرة لهم هناك ، ووصل خبر إقامة المستعمرة الفرنسية إلى الإنجليز ، فبدأوا استعداداتهم للتصدي لذلك العمل .

ففي شهر أكتوبر من سنة ١٨٠٥م ، وصلت الأنباء إلى الدكتور «برنغل» «Pringle» ، المقيم البريطاني في المخا ، بأن السيد محمد ابن عقيل ، أحد السادة العلويين في ظفار والتاجر المعروف في البحر الأحمر ، صاحب السفن الكثيرة ، والمقيم في المخا ، قد اتفق مع الفرنسيين على تأسيس وكالة لهم في جزيرة كمران .

ورأى الدكتور «برنغل» بأن ذلك إهانة للإمبراطورية البريطانية في الهند ، ولا يمكن اعتباره تلبية لأية أهداف تجارية .

في أواخر شهر أكتوبر ، وصلت إخبارية أخرى بأن السيد محمد بن عقيل قد اشترى جزيرة كمران من الشريف حمود ، حاكم أبي عريش ، لحساب الفرنسيين ، فلم يجد الدكتور «برنغل» بُداً من التوجه إلى اللُحيّة لمقابلة الشريف حمود .

استأجر الدكتور «برنغل» سفينة تجارية ، وتوجه بها إلى جزيرة كمران ، ترافقه السفينة الحربية البريطانية «بانثر» «Panther» ، فوصلها في الحادي عشر من شهر نوفمبر ، وبقي هناك حيث علم أن السيد محمد بن عقيل موجود في اللُحيّة . وبعد أيام عدة ، توجه الدكتور «برنغل»

إلى اللُّحيّة ، حيث قابل سفينة السيد محمد بن عقيل في طريقها إلى جزيرة كمران .

وصل الدكتور «برنغل» إلى اللُّحيّة في الثاني والعشرين من شهر نوفمبر ، حيث استقبل استقبالا وديا عظيما من قبل السيد يحيى ، ابن أخ الشريف حمود حاكم أبي عريش ، فأخبره بأن عمه في وادي مور ، وهو على مسافة يوم قصير من اللُّحيّة .

تجنب الدكتور «برنغل» الحديث في موضوع جزيرة كمران في ذلك الوقت ، إلى أن يحصل على جميع المعلومات عن ذلك الموضوع ، فاتصل بأحد التجار الهنود في اللُّحيّة ، والذي كان الدكتور «برنغل» يحمل له الرسائل من وكيل شركة الهند الشرقية في المخا . أكد التاجر

الهندي للدكتور «برنغل» موضوع شراء جزيرة كمران ، وقال إن السيد محمد بن عقيل دفع مبلغ أحد عشر ألف دولار مقدماً ، وترك للشريف حمود وعشرين مدفعاً من عيارات مختلفة ، وحوالي ستمائة قذيفة ، وكمية من البارود .

فطلب الدكتور «برنغل» من التاجر الهندي أن يدله على مكان المدافع ، فأخذه إلى هناك ، حيث تعـرف الدكتور «برنغل» على نوعية المدافع ، فكان اثنان منها من عيار ٢٤ رطلاً، والبقية بين ستة وتسعة أرطال .

في مساء ذلك اليوم ، قام الدكتور «برنغل» بزيارة أخرى للشريف يحيى ، وأثناء المحادثة انتهز فرصة الحديث عن موضوع كمران ، معرفاً إياه بأنه قد سمع بأنه قيل إن السيد محمد

ابن عقيل قد اشترى جزيرة كمران للفرنسيين ،
الذين إذا تواجدوا في المنطقة ، فسيكون ذلك
ضررا على حكومة أبي عريش ، وأن الحكومة
البريطانية قلقة لتأسيس الفرنسيين لأية
مستوطنة في كمران ، أو أي مكان في البحر
الأحمر ، وأن بريطانيا يهمها ازدهار التجارة في
البحر الأحمر ، وبحدوث مثل ذلك الأمر ، فإن
التجارة بالتأكيد ستعاني التدهور .

اعترف الشريف يحيى ، وقال إن عمه
قد دخل بالفعل في بعض الترتيبات بشأن
الجزيرة ، واقترح أن يقوم الدكتور «برنغل»
بزيارة عمه في وادي مور ، وأن أي معلومات
يريدها الدكتور «برنغل» سيحصل عليها من
عمه ، فوافقه الدكتور «برنغل» على ذلك .

في صباح اليوم التاسع والعشرين من شهر

نوفمبر ، سار الدكتور «برنغل» برفقة الشريف يحيى إلى وادي مور ، وفي اليوم التالي ، قابل الشريف حمود ، فأفاد بما أفاد به ابن أخيه نفسه .

من الخطر إعطاء مثل تلك الجزيرة لتاجر خاص ، وإذا ما استولى الفرنسيون عليها ، فإنهم بلا شك سوف يحدّون من التجارة في بلاده بالقوة كيفما يشاؤون ، لكن الشريف حمود رد قائلاً إنه قد تصرف في جزيرة كمران ، وصرح بأنه لم يرد ذكر الفرنسيين في الصفقة .

سأل الدكتور «برنغل» : «هـل يستطيـع السيد محمد بن عقيل أن يحول الجزيرة للفرنسيين ؟» فأجـاب الشريـف حمـود بأنه يمكنه ذلك ، وقال :

«ومع ذلك فإن الوقت لم يفت بعد على إيقاف تلك الصفقة ، لأنها لم تستكمل بعد ، وأنه سيكتب على الفور إلى السيد محمد بن عقيل ، بأنه لا يمكن إقامة أي شكل من أشكال المستوطنات على الجزيرة» .

بعث الشريف حمود برسالة للسيد محمد بن عقيل ، يخبره فيها بقراره عدم السماح له ولأي شخص آخر خلاف رعاياه ، في الاستيطان في جزيرة كمران ، ما عدا إصلاح المسجد القديم هناك ، والذي لا يمكنه التراجع عن إصلاحه .

سعد الدكتور «برنغل» بذلك الخبر ، فقام وهو في اللُحيّة بتقديم الهدايا للشريف حمود ، والشرفاء والوجهاء في اللُحيّة ، فقام الشريف حمود وقدم له هدية كانت عبارة عن مهرين وحصان .

في التاسع عشر من شهر ديسمبر ، غادر الدكتور «برنغل» ، اللُحيّة متوجها إلى المخا ، حيث كتب تقريراً مفصلاً عن مشروع الوكالة الفرنسية على جزيرة كمران .

استلم السيد محمد بن عقيل رسالة الشريف حمود ، فعبر عن عدم رضاه لسلوك الشريف حمود ، وكان حانقاً على الإنجليز .

فركب سفينته من المخا ، وتوجه إلى اللُحيّة في الثامن من شهر يناير من سنة ١٨٠٦م ، حيث قابل الشريف حمود هناك ، والذي اشترط عليه عدم تسليم الجزيرة للفرنسيين .

كان السيد محمد بن عقيل يقوم بنقل مواد البناء من الحديدة والمخا ، وكان لديه قبطانان فرنسيان يقومان بمسح الشواطئ حول جزيرة كمران .

بعد أن فرغ السيد محمد بن عقيل من نقل مواد البناء إلى جزيرة كمران ، ركب سفينة عربية تدعى «زين العابدين» ، وتوجه بها إلى «كوتشين» «Cochin» في الهند ، حيث اشترى سفينتين ، إحداهما تسمى «ستارلنغ كاسل» «Starling Castle» ، والأخـــرى تـسـمــى «بيجون أوف بومبي» «Pigeon Of Bombay» ، والتي أطلق عليها اسم «المحضار» ، ورجع عليها إلى «موريشيوس» لإحضار الصناع .

عندما وصل كابتن «أورن» إلى عدن في بداية شهر مارس من سنة ١٨٠٦م ، قابل الدكتور «برنغل» ، وبرفقته كابتن «كارتر» «Carter» ، الكاتب في المقيمية البريطانية في المخا ، والذي كان يعمل ضابطاً على السفينة البريطانية «كريول» «Criole» ، التي استولى عليها الفرنسيون في الخليج العربي ، قبل سنتين من ذلك التاريخ ، وأخذت إلى جزيرة «موريشيوس» ، حيث وضع كابتن «كارتر» في السجن ، فاستطاع الهرب من

الحبس المحكم والمعاملة السيئة إلى المخا ، وبقي هناك لأنه كان متخوفاً من الذهاب إلى الهند ، حتى لا يلقي الفرنسيون القبض عليه .

كان الدكتور «برنغل» في طريقه إلى بومبي ، حيث أُغلقت المقيمية البريطانية في المخا لعدم فائدتها ولكثرة مصاريفها ، وإذا برسالة تصله من حكومة بومبي ، تخبره بأن الحكومة البريطانية تعد حملة للتوجه إلى جزيرة كمران ، لتحطيم التحصينات التي أقامها السيد محمد بن عقيل على تلك الجزيرة .

كان كابتن «أورن» يطلب شراء كمية من البن ، فأخبره الدكتور «برنغل» بأنه لا يوجد بن في عدن ولا في المخا ، وعليه أن يبحر إلى اللُحيّة ، حيث يكون البن متوفراً هناك ، وطلب منه أن يركب كابتن «كارتر» معه في

السفينة «إيسكس» ، ليرشـده في إبحاره في البحر الأحمر ، مقابل ٢٪ من قيمة البن يدفعها كابتن «أورن» له ، ومدعيا أن كابتن «كارتر» سيأخذ طريقه من هناك إلى الحبشة .

ولكن في حقيقة الأمر ، فإن الدكتور «برنغل» كان يحاول إرسال كابتن «كارتر» برسالة للشريف حمود ، يخبره فيها بأنه إذا لم يقم بتحطيم التحصينات على جزيرة كمران ، فإن قوة ستصل من الهند لإزالة تلك التحصينات من على تلك الجزيرة .

ركب كابتن «كارتر» السفينة «إيسكس» ، وأركب معه عربيا من المخا يدعى «حيدر» يعمل خادماً لديه .

كان حيدر يجيد الإنجليزية ، حيث كان في

خدمة السيد «هنري سولت» «Henry Solt» ،
المقيم البريطاني في الحبشة قبل سنة من عمله
لدى كابتن «كارتر» ، وقبلها كان قد عمل مع
اللورد «فالنشيا» «Valentia» كخادم ، عندما زار
البحر الأحمر .

طلب الدكتور «برنغل» من كابتن «أورن» عدم
المرور بالمخا ، والإبحار رأسا إلى اللُحيّة ، مع
أن السفن المبحرة إلى اللُحيّة عادة ما تمر قبالة
المخا .

أبحرت السفينة «إيسكس» إلى اللُحيّة ،
حيث وصلتها بعد أيام عدة ، فبادر كابتن
«كارتر» بالاتصال بالشريف حمود ، وسلمه
رسالة الدكتور «برنغل» ، فعرضها الشريف
حمود على آمر الدعوة السعودي في اللُحيّة ،
والذي قام بدوره وأركب مجموعة من أتباعه

السفن ، وأصدر أمراً باسم الإمام سعود بن عبد العزيز بتحطيم كل التحصينات الموجودة على جزيرة كمران . لم تكتف تلك المجموعة بتحطيم التحصينات على الجزيرة ، وإنما قامت بنهب مواد البناء والبضائع التي كان السيد محمد بن عقيل قد خزنها هناك .

وصل السيد محمد بن عقيل إلى عدن ، قادما من «موريشيوس» على سفينته «المحضار» ، فأخبروه بأن الدكتور «برنغل» قد أرسل شخصا من قبله على سفينة أمريكية إلى الشريف حمود ، بخصوص تحطيم التحصينات على جزيرة كمران .

انزعج السيد محمد بن عقيل لذلك الخبر ، وتابـع سـيره إلـى جزيرة كمران ليتحقق من الأمر . وفي الثامن عشر من شهر إبريل ، وصل

إلى الجزيرة حيث وجد أمواله كلها قد نهبت ، وتحصيناته قد هدمت ، فغضب غضبا شديدا ، واتهم كابتن «كارتر» ، مبعوث الدكتور «برنغل» للشريف حمود ، وكذلك طاقم السفينة الأمريكية «إيسكس» ، بذلك الفعل المشين ، وأقسم لينتقمن منهم .

اقترح السيد محمد بن عقيل على القبطان الفرنسي «غاسبرد شيبلان» «Gaspard Chapelain» ، الذي كان يعمل قبطانا على السفينة «المحضار» ، القبض على السفينة الأمريكية ، الأمر الذي رفضه كابتن «غاسبرد» باشمئزاز ، وهدد السيد محمد بن عقيل بأنه إذا كان في نيته الاعتداء على السفينة الأمريكية ، فإنه سيمنع ذلك ، وسيخبر المسؤولين الفرنسيين عن ذلك .

لم يرد السيد محمد بن عقيل على تهديدات

«غاسبرد» إلا بعد يومين من تلك المشادة ، حيث اعتدى اثنان من عبيده على كابتن «غاسبرد» ، وجرحاه بالخناجر في مكانين تحت كتفه الأيمن فأردياه قتيلاً .

اعتبر السيد محمد بن عقيل الوفاة نتيجة لعراك ، وترك القاتل طليقاً ، فأخذ كابتن «دينو» «Denous» ، الفرنسي الذي كان يعمل مساعداً لكابتن «غاسبرد» ، يطالب بعقاب القاتل .

بعد ثلاثة أيام من المطالبة والتهديد من قبل كابتن «دينو» ، قام السيد محمد بن عقيل بوضع القاتل الحقيقي في الحديد ، وبعد أربعة أيام ، أرسل القاتل إلى الشاطئ بدعوى النية في ضرب عنقه ، لكن بدلاً من ذلك أعطاه عشرين قرشاً ، وتركه يهرب .

بقي السيد محمد بن عقيل في جزيرة كمران ، في انتظار مرور السفينة الأمريكية «إيسكس» بالقرب من الجزيرة .

كان كابتن «أورن» يطلب ثلاثمئة بالة (البالة = ٣٠٥ أرطال) من البن في اللُحيّة ، فقد كان كل ما اشتراه وبسعر عالٍ ، لا يفي بطلبه ، فانتظر ورود مزيد من البن لمدة شهر ، إلى أن قيل له أن كمية من البن قد وردت إلى الحديدة ، فقرر الإبحار إلى هناك .

عند مغادرة ميناء اللُحيّة ، نشب خلاف بين كابتن «أورن» والشريف حمود ، حاكم أبي عريش ، حول مصاريف ميناء اللُحيّة ، حيث طلب الشريف حمود مبلغ مائتي دولار ، لكن كابتن «أورن» وافق على دفع مائة دولار فقط ، وقد سويت المسألة بينهما بمائة وخمسين دولاراً .

أراد كابتن «أورن» أن يزود سفينته بالمياه قبل إبحارها ، فقيل له إنه من عادة السفن المغادرة ميناء اللُحيّة ، التزود بالمياه من جزيرة كمران ، لذلك أبحر بسفينته «إيسكس» في أواخر شهر إبريل من سنة ١٨٠٦م إلى جزيرة كمران .

‫ —٤—

كان الوقت يميل إلى الغروب من يوم السابع والعشرين من شهر إبريل ، عندما وصلت السفينة الأمريكية «إيسكس» إلى جزيرة كمران ، فوجدت سفينة السيد محمد بن عقيل «المحضار» راسية هناك ، فرست بالقرب منها .

نزل كابتن «أورن» يرافقه كابتن «كارتر» في زورق السفينة ، وجدف به اثنان من البحارة حتى وصلا إلى شاطئ الجزيرة ، وهناك لاحظا مجموعة من الناس تخرج من المسجد بعد صلاة

المغرب ، فاقتربا منهم ليستفسرا عن موقع آبار المياه .

تعرف كابتن «كارتر» على السيد محمد بن عقيل ، وقدم له كابتن «أورن» ، معرفا إياه بأنه يريد شراء كمية من البن ، فوعده السيد محمد ابن عقيل بتحقيق ذلك ، ودعاهما لتناول الطعام معه على ظهر سفينته «المحضار» .

ركب كابتن «أورن» وكابتن «كارتر» مع السيد محمد بن عقيل في الزورق الخاص به ، وتبعهم زورق آخر مملوء بالعبيد والعساكر ، وزورق السفينة الأمريكية «إيسكس» ، واتجهت جميعها إلى السفينة «المحضار» .

ركب الجميع السفينة واستقبلهم هناك كابتن «دينو» ، وقد احتفى بهم السيد محمد بن عقيل جيداً .

وعلى طاولة الطعام ، نعى كابتن «دينو»
موت الكابتن «غاسبارد» ، وسأل الضيفين عن
أي عقاب يستحق الرجل الذي يقتل قائده ؟
فأجابا بأنه عقاب الموت .

نهض السيد محمد بن عقيل ، وصعد إلى
مؤخرة السفينة ، تاركا الضيفين جالسين على
الطاولة مع الكابتن «دينو» . بعد برهة جاء أحد
العبيد وقال لكابتن «دينو» إن السيد يطلبه ،
فصعد كابتن «دينو» إلى مؤخرة السفينة ، حيث
قال له السيد محمد بن عقيل : «عليك أن تقبض
على هذين الغريبين وتقيدهما» .

قال كابتن «دينو» : «هل تظن أنني قادر على
ارتكاب مثل ذلك العمل ؟»

قال السيد محمد بن عقيل : «إذن احبس
نفسك في كبينتك» .

حاول كابتن «دينو» أن يرجع إلى الضيفين ، ولكن مجموعة من العبيد المسلحين بالسيوف والخناجر قامت ودفعت به إلى كبينته ، وأغلقتها عليه .

قام العبيد بعد ذلك بتقييد كابتن «أورن» وكابتن «كارتر» ، وكمموهما وربطت أيديهما خلف ظهريهما بشدة ، بحيث ألهبت أذرعهما وجعلتها تتورم ، ووضعا في زورق السفينة «إيسكس» ، حيث شوهد البحاران اللذان حضرا معهما مقيدين ، مكممين كذلك ، واتجه الزورق بمن فيه إلى الجزيرة ، يتبعه زورق آخر به رجال مسلحون .

أما كابتن «دينو» فقد بقي في كبينته ، ولم يشاهد أي شيء مما جرى على السفينة

«المحضار» ، فقد أخبره أحد البحارة بأن السيد محمد بن عقيل ينوي قتله ، إذا خرج في تلك الفترة .

على جزيرة كمران ، ذبح كابتن «أورن» ، وكابتن «كارتر» والبحاران الأمريكيان ، وتركت جثثهم على شاطئ الجزيرة ، وتوجهت الزوارق بعد ذلك إلى السفينة «إيسكس» .

على ظهر السفينة «إيسكس» ، كان مساعد الربان قد طلب من «بول» أن يبقى على سطح السفينة ، ليراقب وصول كابتن «أورن» ومن معه ، ونزل هو وبقية البحارة إلى أسفل السفينة ليناموا .

بقي «بول» مترقباً وصول كابتن «أورن» حتى منتصف الليل ، عندها لمح زورقين قادمين

نحو السفينة ، فأخبر مساعد الربان عن وصول الزوارق ، فرد عليه بأن ذلك الكابتن قد رجع .

انتظر «بول» أن يخرج أحد من داخل السفينة لاستقبال الكابتن ، فلم يخرج أحد ، فنزل إلى أسفل السفينة ، ونادى مرة ثانية على مساعد الربان ، ورجع إلى سطح السفينة ، وإذا به يشاهد الزورقين قد طابقا السفينة ، ورجالا يتسلقون جانبيها ، فنادى على مساعد الربان وهو يقول له : «هؤلاء غرباء ... غرباء» .

فخرج مساعد الربان وملاحو السفينة ، ليجدوا سطح السفينة قد امتلأ بالعبيد المسلحين .

قال أحدهم : «إن الكابتن يريدكم جميعا أن تنزلوا إلى الشاطئ» .

فرد عليه مساعد الريان : «هذا مستحيل ، ونحن لن نترك السفينة» .

قام أحد البحارة ودفع بـ «بول» إلى كبينة بأسفل السفينة ، وأغلق الباب عليه ، أما العبيد المسلحون فقد أخذوا يسوقون البحارة ويركبونهم الزوارق ، حتى إذا جاء دور حيدر ، خادم الكابتن «كارتر» ، صاح فيهم : «أنا عربي من المخا» ، فتركوه على ظهر السفينة ، واتجهوا نحو الجزيرة .

كان «بول» في أحد الكبائن بأسفل السفينة ، فلم يسمع تأوها أو عراكا على سطحها ، وعندما خرج من الكبينة ، أخذ يتفحص سطح السفينة ، بالنور الساطع من القمر في تلك الليلة ، عن بقع الدم أو أي علامات تدل على أن عملية قتل قد حدثت على ظهر السفينة ، وإذا بحيدر مختفياً خلف كومة من الجبال ، فناداه «بول» وسأله عن مساعد الربان والبحارة ، فرد عليه بأنهم ذهبوا إلى الشاطئ .

لم يقتنع «بول» بذلك ، وأخذ يبحث خارج السفينة ، فلم يجد شيئا يخفف من خوفه وقلقه ، ورجع يسأل حيدر مرة ثانية ، فأجاب حيدر بأجوبة غامضة وغير واضحة ، ولكنه قال له لن يصيبك أذى ، وبأسلوب لطيف وودود أخذ يواسيه ويطمئنه .

قام رجال السيد محمد بن عقيل بقتل البحارة الأمريكيين ، واحدا تلو الآخر، ورميهم في البحر ، حتى إذا ما فرغوا من ذلك رجعوا إلى السفينة الأمريكية ، وأخذوا ينزلون ما يسهل حمله في تلك الزوارق . وقد وجدوا ستة براميل صغيرة مملوءة بالأموال ، وصناديق خاصة بها ما بين ثمانية إلى

عشرة آلاف قرش ، وأنزلوا الأشرعة والبضائع

والكابلات والبكرات والحبال ، وقارباً آخر للسفينة لتحميل ما جمعوه فيه .

كان «بول» وحيدر مختبئين في إحدى الكبائن ، وكان خوفهما يزداد كلما اقترب التفتيش نحوهما ، وفجأة فتح باب الكبينة ، ورفع السراج ، وإذا بيد ضخمة تمتد إلى «بول» ، وتمسكه من يده وتخرجه من الكبينة ، وهو يصرخ ويرفس ، فصاح حيدر وهو يتبعه : «أنا عربي من المخا ، وهذا صديقي .. اتركوه ... اتركوه» .

أنزل «بول» وحيدر مع الأموال التي أخذت من السفينة «إيسكس» ، في الزوارق التي اتجهت بعد ذلك إلى السفينة «المحضار» .

وهناك دفعوا بـ «بول» وحيدر إلى سطح

السفينة «المحضار» ، حيث كان السيد محمد ابن عقيل قد فرغ هو ومن معه من صلاة الفجر .

قال حيدر : «سيدي ، هذا الصبي يريد أن يصبح مسلما ، ومستعد أن يختن» .

سأل السيد محمد بن عقيل العسكري الذي دفع بهما إلى سطح السفينة : «من أين أتيت بهما؟» .

قال العسكري : «وجدناهما على ظهر السفينة الأمريكية» .

قال السيد محمد بن عقيل لحيدر : «من أين أنت ؟» .

قال حيدر : «أنا من المخا واسمي حيدر ، كنت في اللحية ، وقد ركبت معهم ليوصلوني إلى المخا .. وهذا صديقي «بول» .

قال السيد محمد بن عقيل : «يجب المحافظة على حياته» .

كان الناس حول السيد محمد بن عقيل يتذمرون لذلك القرار ، وأخذوا يقنعون السيد محمد بــن عقيل أن يوافق على قتل الصبي «بول» ، وقالوا إنه بذلك لا يبقى أثر للسفينة الأمريكية ومن فيها .

وإذا بصوت زوجة السيد محمد بن عقيل من مؤخرة السفينة تنادي : «سيد ! ، يا سيد ! أنا أتشفع فيه ، اتركه لي من فضلك» .

فقال السيد محمد بن عقيل : «خذوه إليها ، وليكن ابناً لها» .

والتفت إلى من حوله وقال : «إنها لم تنجب أولاداً» . ثم تنهد وقال : «كان لي ابن ، الحبيب

عقيل ، توفي في صباه في المخا منذ خمس سنوات ، وكان صالحا ، موته كان فجأة ! إنا لله وإنا إليه راجعون» .

نادى السيد محمد بن عقيل : «الوُليد ... الوُليد !!»

فدفعت زوجته بـ «بول» إليه .

فسأله عن اسمه ، فقال : اسمي «بول» ، فقال السيد محمد بن عقيل : «بل اسمك عبد الله .. عبد الله بن محمد بن عقيل» .

كان عبد الله .. الوُليد.. أو «بول» ، يغالبه النعاس عندما سمع أصواتاً تتعالى من مقدمة السفينة ، فنهض وأطل من السفينة ، فإذا به يرى السفينة «إيسكس» تحترق ، وهي تغطس في البحر رويدا .. رويدا ، فنزلت دمعتان من

عينيه ، ثم أخذ يبكي ، فطمأنته زوجة السيد محمد بن عقيل ، وأخذته إلى فراش بقربها لينام .

سأل السيد محمد بن عقيل عساكره عن جثث الكابتن ومن معه ، فقيل له إنها تركت على الشاطئ ، فطلب منهم أن ترمى في البحر ، فنزلت مجموعة من العساكر في أحد الزوارق ، ونزل معهم حيدر ، وهو يتظاهر وكأنه واحد منهم ، واتجهوا إلى الجزيرة ، حيث شاهد حيدر أربع جثث ملقاة على الشاطئ ، فتعرف على جثة كابتن «كارتر» ، وكان قد ذبح من أذنه إلى أذنه الأخرى ، فقام العسكر برمي الجثث في البحر .

— ٥ —

في ذلك الصباح الباكر ، رفعت السفينة
«المحضار» مراسيها ، ونشرت أشرعتها ،
وأبحرت إلى المخا .

خلال تلك الرحلة ، ولمدة ثلاثة أيام ، كان
عبد الله يبكي ، وهجر الطعام والشراب .

أما كابتن «دينو» ، فقد حبس في كبينته ،
بأمر من السيد محمد بن عقيل ، والتي لم يخرج
منها أبدا أثناء بقية الرحلة ، إلا من أجل إعطاء

توجيهات ملاحية ، أو الذهاب إلى المرحاض ، وكان أحد البحارة يأتي إليه مرارا لتنبيهه بأن يبقى محترسا ، لأن السيد محمد بن عقيل يريد النيل من حياته ، إلى أن وصلت السفينة «المحضار» إلى المخا في اليوم الثاني من شهر مايو ، حيث رست قبالة مدينة المخا ، فلم ينزل منها أحد .

ركب السفينة في تلك الليلة عبد الرحمن بن عقيل ، شقيق السيد محمد بن عقيل ، والمقيم في المخا مع مجموعة من أقاربه ، فأخبر محمد ابن عقيل أخاه بما حدث . فقام عبد الرحمن ابن عقيل وأخبره عن نوايا الإنجليز ، ونصحه بأن يرحل في الصباح الباكر ، حتى لا يعرض نفسه للمساءلة .

نزل حيدر مع عبد الرحمن بن عقيل ومن

معه من السفينة ، وذهب إلى المخا ، كونه من سكانها .

في الصباح أبحرت السفينة «المحضار» إلى عدن ، وبدأت نفس عبد الله تهدأ قليلاً ، فخرج من الكبينة إلى سطح السفينة ، حيث شاهد الأشياء المنقولة من السفينة «إيسكس» ، من أشرعة وكابلات وحبال وبكرات ، ومدفعين من مدافع السفينة «إيسكس» ، على ظهر السفينة «المحضار» ، ثم ذهب إلى كبينة كابتن «دينو» ، فأدخله أحد البحارة ، فشاهد كتب كابتن «أورن» كلها مع كابتن «دينو» ، الذي أخذ يتصفحها .

وصلت السفينة «المحضار» إلى عدن في صباح اليوم الحادي عشر من شهر مايو ، وفي مساء ذلك اليوم ، رسا مركب القرصنة

الفرنسي «لافيغيلانت» «La Vigilant» بقيادة كابتن «غليير» «Guillier» ، للتزود بالماء والطعام والوقود . فقام السيد محمد بن عقيل بمساعدة القرصان الفرنسي ، في الحصول على ما يحتاجه من عدن بجلبة وصراخ ، حيث كان متوتراً ومنزعجاً من ملاحقة السيد «جي بنزوني» «J. Benzoni» ، الإيطالي الأصل ، والذي كان يعمل لدى السيد محمد بن عقيل على إحدى سفنه ، لكنه صرفه من الخدمة فبقي في عدن ، يتجسس لحساب الإنجليز .

باشر السيد محمد بن عقيل بوضع مجموعة من عساكره ، كي تقوم على حراسة السفينة ، لئلا ينزل منها أحد ، أو يقترب منها أحد ، كما قام بالاجتماع مع رجال مركب القرصنة الفرنسي ، وحملهم رسائل للحكومة الفرنسية .

في السابع عشر من شهر مايو ، أبحر مركب القرصنة الفرنسي متجها إلى البحر ، بنية الاستيلاء على السفينة الإنجليزية «أوليف» «Olive» ، بقيادة كابتن «لون» «Loane» ، والتي أبحرت إلى البحر الأحمر قبل بضعة أيام .

قام السيد محمد بن عقيل بزيارة سلطان لحج ، وقدم له الهدايا ، لكن السلطان رفض كل هداياه ، فأحس السيد محمد بن عقيل بأنه غير مرغوب فيه في عدن ، لذلك أبحر بسفينته «المحضار» يوم الحادي والعشرين من شهر مايو إلى مسقط .

في شهر يونيو وصلت السفينة «المحضار» ميناء مسقط ، فأنزلت كل النساء ومعهم الصبي «عبد الله» في بيت ، استأجره السيد محمد بن عقيل للإقامة فيه ، كذلك أنزلت جميع المعدات

المنهوبة من السفينة «إيسكس» إلى الشاطئ ، ومن ثم نُقلت ليلاً إلى مقر السيد محمد بن عقيل في مسقط . بينما بقيت الصواري وقاربان على الشاطئ .

بعد ثلاثة أيام من وصوله إلى مسقط ، تعاقد كابتن «دينو» مع مالك لسفينة تجارية للعمل كربان عليها ، وأبحر بها مباشرة إلى «موريشيوس» .

قام السيد محمد بن عقيل بعرض سفينته «المحضار» على السيد سعيد بن سلطان ، سلطان مسقط ، لشرائها، فقام السلطان بركوب تلك السفينة ، واتجه بها إلى بندر عباس ، ثم عاد بها إلى مسقط ، حيث أعجب بها فاشتراها .

بعد بيع السفينة «المحضار» للسيد سعيد بن

سلطان ، قام السيد محمد بن عقيل بالعمل على صرف بحارته ، بهدف الاستقرار كتاجر في مسقط .

كان عبد الله يلاقي كل تلك المشقة ، فحرارة مسقط في شهر أغسطس لا تطاق ، وخصوصاً في البيت المبني بالحجر ، فقد كان محكوماً عليه ألا يبرحه ، فكان لا يعرف أحدا ، ولا يتحدث مع أحد ، ينظر بعينيه الدامعتين إلى من حوله ، فيجهش بالبكاء .

قام محمد بن غلوم ، الوكيل التجاري للسيد سعيد بن سلطان ، بزيارة السلطان ، وأخبره بأن السيد محمد بن عقيل قد قدم إلى مسقط للإقامة فيها ، بشرط أن يعين «ملك التجار» أو «رئيس التجار» ، وبنفوذ تجاري في مسقط . فرد السيد سعيد قائلاً : «إذا كان السيد محمد بن عقيل

يهدف إلى المشاركة في سلطة الحكومة ، أو إدارة الشؤون المحلية ، فإن ذلك مرفوض، أما إذا قبل أن يستقر في مسقط ، ويتقيد بالشروط والقوانين كالتجار الآخرين ، فإنه سوف يرحب به ، وإلا فعليه أن يغادر مسقط» .

وصلت أنباء إلى مسقط بأن الحكومة البريطانية غير راضية عن السيد محمد بن عقيل ، وفي أحد الأيام شاهد السيد محمد ابن عقيل السفينة الحربية «كونكورد» «Concorde» ، بقيادة كابتن «كريمر» «Cramer» ، راسية قبالة مسقط ، فظن أنها قد حضرت لإلقاء القبض عليه ، فاستأجر سفينة ، وحمل عليها كل ما نهب من السفينة الأمريكية «إيسكس» ، وأركب أهله ليلاً ، وسافر إلى موطنه ظفار .

اتهمت الحكومة البريطانية السيد سعيد بن سلطان بأنه الذي هرّب السيد محمد بن عقيل ، بعد أن ألبسه لباس امرأة عربية .

—٦—

بعد ثلاثة أيام من حادثة السفينة الأمريكية «إيسكس» ، وجدت سبع جثث أوروبية على الشاطئ بين الحديدة وكمران ، وجثة واحدة بالقرب من الحديدة ، وجثتان مقيدتان على شاطئ اللحية . كما شاهد السيد «ليونارد» «Leonard» ، الحاكم الإنجليزي لكلكتا ، والذي كان في طريقه من الحديدة إلى المخا ، بعض الجثث على الشاطئ ، وتعرف على جثة الكابتن «كارتر» مقطوعة الرأس .

عندما وصل السيد «اليونارد» إلى المخا ، أخبر كابتن «غاردنر» «Gardner» ، قبطان السفينة الأمريكية «توماس ولسون» «Thomas Wilson» ، الراسية هناك ، والتي كانت على وشك الإبحار إلى الولايات المتحدة ، بما حدث للسفينة الأمريكية «إيسكس» .

وصلت السفينة الأمريكية «توماس ولسون» إلى «بالتيمور» «Baltimore» ، في الولايات المتحدة الأمريكية ، في العشرين من شهر أكتوبر من سنة ١٨٠٦م ، حيث قطعت تلك المسافة في مائة وستة وعشرين يوما ، ونشرت تلك الأخبار المفزعة . وبعد خمسة أيام من وصول الخبر إلى «سيلم» .. قامت الصحف بنشر الخبر المفزع .

أما في عدن ، فقد أخبر كابتن «ستيفنسون»

«Stevenson» قبطان السفينة الأمريكية «أريان»
«Arian» ، والتي وصلت إلى عدن قادمة من
المخا ، بتلك الأخبار ، فنقلها بدوره إلى
الولايات المتحدة .

قررت الحكومة البريطانية إرسال حملة عسكرية
بقيادة «ديفيد سيتون» «David Seton» ، المقيم
البريطاني في مسقط ، والذي وصل إلى بومبي
بعد أن قام بحملة سنة ١٨٠٦م على القواسم ،
ووقع اتفاقية مع الشيخ سلطان بن صقر القاسمي .

كانت التعليمات المعطاة لـ «ديفيد سيتون»
هي توصيل رسالة حاكم بومبي إلى الشريف
حمود حاكم أبي عريش ، والتي يُطلَب منه فيها
عدم السماح للفرنسيين أو وكيلهم السيد محمد
ابن عقيل ، بإقامة أية مستعمرة فرنسية على

جزيرة كمران ، وإذا لم يوافق الشريف حمود على ذلك ، فإن الحكومة البريطانية ستقوم باحتلال تلك الجزيرة .

وصلت أنباء أخرى إلى الحكومة البريطانية في الهند ، مفادها بأن السيد محمد بن عقيل قد قضى في شهر إبريل على كابتن «أورن» ، قائد السفينة الأمريكية «إيسكس» ، وكابتن «كارتر» ، أحد الرعايا البريطانيين ، وأنه – السيد محمد ابن عقيل – قد قام بنهب السفينة المذكورة وأحرقها . جاء ذلك من اعترافات حيدر ، حيث ما إن وصل إلى المخا حتى أشاع الخبر ، الذي وصل إلى كابتن «كورت» «Court» ، قائد السفينة الحربية البريطانية «بانثر» في البحر الأحمر ، فتوجه مباشرة إلى المخا .

علم حاكم المخا بالموضوع ، فأرسل لحيدر

وأنذره ، وهدده بالقتل إن تكلم في موضوع السيد محمد بن عقيل .

خاف حيدر من حاكم المخا ، فهرب إلى السفينة الحربية البريطانية «بانثر» ، محاولا الذهاب إلى الهند ، وتاركاً وراءه زوجته وأولاده ووالديه وبلده ، فقام كابتن «كورت» وأخبر حاكم المخا بأن حيدر تحت حماية الحكومة البريطانية ، التي تستنكر أي أذى يلحق بشخص أدلى بشهـادة عن مقـتل مواطن بريطاني . تراجع حاكم المخا عن تهديده لحيدر ، وأخبر الإنجليز بأنه لن يؤذي حيدر ، لا في نفسه ، ولا في ماله .

صدرت أوامر أخرى لـ «ديفيد سيتون» ، وهي القيام بإلقاء القبض على السيد محمد بن عقيل ، وإحضاره إلى بومبي ، وتدمير المنشآت التي بناها على تلك الجزيرة .

خرجت الحملة من ميناء بومبي في ٢٧ من شهر يوليو من سنة ١٨٠٦م ، متجهة إلى البحر الأحمر ، وكانت مكونة من طرّادي شركة الهند الشرقية ، «مورننغتون» «Mornington» و«تيرنيت» «Ternate» ، وبعد أيام قلائل انضمت إليهما السفينتان الحربيتان الملكيتان ، «فيكتور» «Victor» و«سايك» «Psyche» .

وما إن وصلت الحملة إلى جزيرة كمران في شهر سبتمبر من سنة ١٨٠٦م ، حتى وجدت أن كل التحصينات قد هدمت ، فانتقل «ديفيد سيتون» بحملته إلى اللحية ، حيث قابل الشريف حمود ، والذي أخبره بأن التحصينات قد تم هدمها بأمر من الإمام سعود بن عبد العزيز ، وكذلك صدر منه أمر بإلقاء القبض على السيد محمد بن عقيل ، وإرساله إلى الدرعية .

كان بعض البحارة الذين صرفوا من الخدمة في مسقط ، بعد أن باع السيد محمد بن عقيل السفينة «المحضار» ، من مواطني جزيرة «موريشيوس» التابعة لفرنسا ، ولذلك ركبوا في سفينة القرصنة الفرنسية «كارماغنول» «Carmagnole» ، التي كانت متواجدة في مسقط في تلك الفترة ، فأوصلتهم إلى جزيرة «موريشيوس» . هناك اعترفوا بمقتل كابتن «غاسبارد» وكابتن «كارتر» وكابتن «أورن» وبحارة السفينة الأمريكية «إيسكس» وحرقها. فأحضر كابتن «دينو» ، الذي كان مساعداً لقبطان السفينة «المحضار» ، إلى «موريشيوس» وحوكم ، فاعترف بكل ما حدث .

على إثر ذلك ، قام الجنرال «ديكان» «Decan» ، القائد العام للمستعمرات الفرنسية في الشرق ،

في شهر مايو من سنة ١٨٠٧م ، بمطالبة السيد سعيد بن سلطان بإلقاء القبض على السيد محمد بن عقيل ، وتسليمه للفرنسيين . أما الإنجليز ، فقد اكتفوا بتكليف كابتن «كريمر» ، قائد السفينة الملكية «كونكورد» ، بمطاردة السيد محمد بن عقيل ، وإلقاء القبض عليه ، ونقله إلى بومبي .

— ٧ —

كان السيد محمد بن عقيل يحاول أن يستقر
في صلالة ، لأن محاولته إقامة ميناء منافس
للمخا وجدة ، في جزيرة كمران ، قد أبعده
عن كل موانئ البحر الأحمر ، ولا يستطيع
الذهاب إلى جزيرة «موريشيوس» دون تعريض
نفسه للمحاكمة ، وكذلك بالنسبة للهند . أما
الشيوخ الصغار من العرب الذين طمعوا في ثروته
العظيمة ، فإنهم لا يستطيعون حمايته من القوى
الكبرى في المنطقة .. أمثال الشريف يحيي ،

حاكم اللحية ، الذي كان يوما ما مرحبا بقدومه ممثلا للفرنسيين ، فإذا به يتودد للإنجليز ويطلب رضاهم .

كان اتصال السيد محمد بن عقيل السابق بآل سعود ، والمساعدة التي كان مستعدا لتقديمها لهم ضد شريف مكة ، قد جعلته مكروها في جميع البلدان التي لم يصلها نفوذ آل سعود ، حتى في ظفار موطنه الأصلي ، فقد رُفِض طلب لجوئه إليها ، مما اضطره للانتقال إلى قرية مرباط في أقصى إقليم ظفار ، واستقر هناك ، بعد أن بنى بلدة محصنة ، تزداد بالثراء بسرعة فائقة ، وسفنه تجوب البحار ناقلة لتجارته من بلد إلى آخر .

شب عبد الله في نعيم السيد محمد بن عقيل ، الذي تبناه ورباه أحسن تربية ، وعلمة اللغة

العربية فأجادها كواحد من أبنائها . درس علوم الدين فحفظها ، ودرس علوم البحار ومارسها ، وتمرن على أساليب القتال فأتقنها ، حتى غدا شاباً في الخامسة عشرة من عمره ، بصحة جيدة ، أبيض البشرة يميل إلى الحمرة من أثر الشمس ، وأنواء البحار . كان يلبس لباسا عربيا أنيقا ، ويتمنطق بخنجر عربي . أحب سلمى وصيفة والدته زوجة السيد محمد ابن عقيل ، فطلبها من والده ، فزوجه إياها .

كان السيد محمد بن عقيل مستقرا في مرباط ، قانعا بالثروة التي كانت لديه ، وقد أقلع عن حياة الترحال لأكثر من ثلاث سنوات ، حن بعدها للتنقل والأسفار ، العادة التي شب عليها .

وأحس وكأنه قد فرضت عليه الإقامة الجبرية

في بلده ، فأبحر هو وابنه عبد الله في بداية شهر ديسمبر من سنة ١٨٠٩م ، في سفينته «السقاف» إلى مسقط ، لتحصيل أموال له كانت على التجار ، والتي لم يستطع أن يجمع منها شيئا ، مما عرضه للإفلاس .

أرسل ابنه عبد الله بالسفينة «السقاف» ، محملة بالبضائع إلى البصرة ، وكتب رسالة لـ «جوناثان دنكن» «Jonathan Duncan» ، حاكم بومبي ، والذي كان قد التقى به سنة ١٨٠٢م ، عندما زاره في بومبي في ذلك الوقت ، وشرح له الظروف التي كانت تحيط به ، بعد أن اعتذر عن شراء جزيرة كمران للفرنسيين . وطلب حمايته ، ومنحه اللجوء والإقامة في المناطق التابعة للإنجليز .

بينما كان السيد محمد بن عقيل ينتظر

جواب رسالته لحاكم بومبي ، وإذا بمندوب من قبل الشريف حمود يطلب منه شراء سفينة كبيرة وسلاحا وذخيرة له ، ويحضرها بنفسه إلى اللُحية . فقام السيد محمد بن عقيل بشراء سفينة السيد سعيد بن سلطان ، المسماة «الفُلْك» ، وعين الكابتن الفرنسي «نيكولا آم» «Nicolas Hamme» قبطانا عليها ، وانتظر وصول ابنه عبد الله على السفينة «السقاف» من البصرة .

كان عبد الله مسرورا بمشاهدة مدينة البصرة ، لولا ملاحقة داود يوسف ، اليهودي الذي كان يجمع المعلومات حوله لرفعها للإنجليز ، فأبحر عبد الله إلى مسقط ، حيث التحق بالسيد بن عقيل ، ورحل معه على السفينة المشتراة «الفُلْك» إلى البحر الأحمر .

وصل السيد محمد بن عقيل إلى عدن في شهر

فبراير من سنة ١٨١٠م ، وحاول مقابلة سلطان لحج وعدن ، فرفض طلبه . فانتقل بسفنه إلى المخا ، حيث وجدهم يتوقعون وصول سفينتين أمريكيتين إلى هناك لمعاقبته .

في اليوم الثاني لوصول السيد محمد بن عقيل إلى المخا ، صعد إلى السفينة «الفُلْك» اثنان من الأمريكيين ، أحدهما مسؤول الوكالة الأمريكية في المخا ، والآخر وكيل عن مالك السفينة الأمريكية «إيسكس» ، ووالدا وأصدقاء «أورن» والبحارة ، ومعهما كابتن «جي ردلاند» «J. Rudland» ، المقيم البريطاني في المخا ، وسألوا كابتن «نيكولا آم» عن السيد محمد بن عقيل إذا كان موجودا على ظهر السفينة ، فأجاب كابتن «نيكولا آم» بأنه غير موجود ، بينما كان السيد محمد بن عقيل ومعه عبد الله

في إحدى «الكبائن» في ذلك الوقت ، وحوله مائتان من الرجال المسلحين ، وقد ظهرت عليهم علامات الاستعداد للمقاومة .

تيقن كابتن «ردلاند» بأنه ومن معه ، وهم ثلاثة من الأوروبيين فقط ، أمام ذلك الحشد المسلح ، فاضطر إلى النزول هو ومن معه من السفينة . في اليوم التالي ذهب كابتن «نيكولا آم» إلى الشاطئ ، وزار كابتن «ردلاند» في المقيمية البريطانية ، والذي اصطحبه إلى الوكالة الأمريكية في المخا ، وهناك ذكر «نيكولا آم» بأن السيد محمد بن عقيل والولد الأمريكي عبد الله ، كانا موجودين على السفينة «الفُلْك» ، وبيّن سبب إنكاره وجود السيد محمد بن عقيل على السفينة «الفُلْك» في اليوم الفائت .

في اليوم التالي ، صعد إلى السفينة كابتن «ردلاند» والأمريكيان ، وقدما للسيد محمد بن عقيل طلباً رسمياً من حكومة المخا ، بتسليم الولد الأمريكي للأمريكيين .

أجاب السيد محمد بن عقيل بأن الولد عبد الله ليس عبدا لديه ، وهو يستطيع أن يذهب إذا رغب في ذلك .

طلب القبطان الأمريكي من «نيكولا آم» أن يساعد عبد الله على الهرب ، حيث سيقوم القبطان الأمريكي بالمرور ليلاً ، بزورق بالقرب من السفينة «الفُلْك» ، ويستطيع عبد الله النزول إلى البحر ومنه إلى الزورق ، لكن كابتن «نيكولا آم» رفض ذلك الاقتراح .

دار حديث بين كابتن «نيكولا آم» وعبد الله ،

فأخبره عبد الله بما حدث للسفينة «إيسكس» ، فعرض كابتن «نيكولا آم» المساعدة عليه ، وشجعه على الهرب ، لكن عبد الله رفض ذلك لأنه كان خائفاً .

لم يطل السيد محمد بن عقيل البقاء في المخا ، حيث طلب مقابلة حاكم المخا ، فرفض طلبه ، فأبحر إلى أبي عريش لمقابلة في الشريف حمود .

كانت الحديدة تحت حكم آل سعود في سنة ١٨٠٥م ، وقد أنيط أمر الدعوة في أرجائها بالفقيه صالح بن يحيى العلفي . تقدم الشريف حمود في تلك السنة نحو الحديدة ، لإزاحة الفقيه صالح بن يحيى العلفي عن حكم تلك المنطقة ، فتوسط السيد محمد بن عقيل بينهما ، وصالحهما على مبلغ يدفعه الفقيه صالح بن يحيى العلفي للشريف حمود ، وهدنة لمدة تسعة شهور ، لكن الشريف حمود طالت عليه المهادنة ،

فتقدم واحتل الحديدة ، وانضمت إليه ولاية بيت الفقيه .

وفي بداية سنة ١٨١٠م ، كان الشريف حمود يحشد قواته استعدادا لمقابلة قوات إمام اليمن ، الذي كان يحاول تنحيته عن حكم الحديدة .

وصل السيد محمد بن عقيل إلى اللُحية في شهر مارس سنة ١٨١٠م ، فاستقبله الشريف حمود وشيوخ أبي عريش . شرح الشريف حمود للسيد محمد بن عقيل ما أصاب أراضيه ، حيث أصبحت مسرحاً ومراحاً للغارات السعودية ، وطلب منه أن يساعده بالعتاد والرجال . فطلب السيد محمد بن عقيل من الشريف حمود أن يمنحه الحديدة ليحكمها ، لكن الشريف حمود وعده بأن يمنحه بلدة القنفذة ، إن هو ساعده في حربه ضد آل سعود ، وإمام اليمن .

في بداية شهر مارس ، وصلت رسالة من كابتن «ردلاند» للشريف حمود ، تطالبه باحتجاز السيد محمد بن عقيل ، إلى أن يسلم الرجل الأمريكي «عبد الله» الموجود على ظهر السفينة «الفُلْك» ، كما أخبره بأن الأمريكيين قد عينوا وكيلا لهم في المخا ، وهو يطالب بمبلغ ثمانين ألف دولار أخذت نقداً ، وخمسة وعشرين ألف دولار مدخرات عمومية وشخصية ، وثلاثين ألف دولار قيمة السفينة «إيسكس» ، كما حذر كابتن «ردلاند» الشريف حمود من استلام السفينة «الفُلْك» ، لأن السيد محمد بن عقيل قد حصل عليها عن طريق أموال مسروقة . وقد لام كابتن «ردلاند» الشريف حمود لدعوته السيد محمد بن عقيل مرة ثانية إلى أبي عريش ، واستقباله له كصديق .

رد الشريف حمود على رسالة كابتن «ردلاند»، قائلاً بأن السيد محمد بن عقيل قد جاء من مسقط، وهو محترم ومقدر من قبل الناس في كُل مكان. أما موضوع السفينة «الفُلْك»، فقد اشتراها من السيد سعيد بن سلطان بماله الخاص، وقد قام وكيله بتسليمها له. وطلب من كابتن «ردلاند» عدم التدخل في شؤونه. وقال إن مرفأه يؤمن الأمن للقوي والضعيف، ولكل من يأتي إليه، فهو آمن في حماية الله العظيم.

قدم السيد محمد بن عقيل للشريف حمود الهدايا والأسلحة، وكان من ضمن الأسلحة مدفعا ميدان نحاسيان من ذوات الستة أرطال، فرنسيا الصنع مُركَّبان على عربتي ذخيرة، وعدة للخيول لجرها، وقد أُنزِل كابتن «نيكولا آم» من السفينة «الفُلْك» ليبقى لدى الشريف حمود لتشغيل تلك المدافع.

في شهر مايو رحل السيد محمد بن عقيل ومعه عبد الله على السفينة «الفُلْك» إلى القنفذة ليتفقدها ، وعاد منها بعد أيام عدة ليلحق بالشريف حمود في الحديدة . فطلب الشريف حمود منه مزيدا من الأسلحة ، فأرسل عبد الله في شهر يونيو إلى ظفار لجلب الأسلحة . أما هو فقد ذهب إلى المخا ، ليقوم بالاتصال ببعض الأوروبيين الذين يجيدون القتال ، فاستطاع إحضار ستة أشخاص أوروبيين من أمم مختلفة ، وكمية من الأسلحة والذخائر . عاد عبد الله من ظفار جالباً كمية من السلاح والذخائر ، والتقى الجميع لدى الشريف حمود في الحديدة . وكان السيد محمد بن عقيل يشيع أن الشريف حمود سيعينه حاكما على الحديدة .

لم تتقدم قوات الإمام في تلك الفترة ، وإنما

تقدمت قوات السعوديين في تهامة ، واتجهت نحو اللُحية ؛ مما دفع بالشريف حمود إلى نقل كل قواته إلى أبي عريش .

كانت اللُحية قد سقطت في أيدي السعوديين ، فانسحبوا منها عندما علموا بتقدم قوات الشريف حمود .

التقى الشريف حمود وقواته ، والسيد محمد بن عقيل وعبد الله ، ومن معهم من الأوروبيين ، ورجال وعبيد السيد محمد بن عقيل ، بالقوات السعودية المنسحبة من اللُحية ، في موضع يسمى بربر ، جنوب غرب أبي عريش ، فلم يظفر ذلك التجمع بالقوات السعودية ، حيث كانت تنسحب إلى قواعدها محملة بالغنائم .

عاودت القوات السعودية الهجوم على اللُحية

والحديدة مرة ثانية ، لكنها صُدّت بواسطة قوات الشريف حمود والسيد محمد ابن عقيل .

كان السيد محمد بن عقيل ، في تلك المعارك ، قد أثبت قدرته على قيادة المعارك ، لذلك طلب منه الشريف حمود أن يشترك معه في قتاله ضد إمام اليمن .

في شهر أكتوبر تلقى السيد محمد بن عقيل أخبارا من جزيرة «موريشيوس» ، تفيد بأن الحكومة الفرنسية هناك قد قامت بمصادرة ممتلكاته ، عقابا له على قتله لكابتن «غاسبارد» ، فكتب رسالة لـ «نابليون بونابرت» ، اشتكى فيها من السلطات الفرنسية في «موريشيوس» لمصادرة أملاكه هناك ، كما بيّن فيها أنه أصبح خائفاً من الإنجليز ، لاتهامه بصداقته للفرنسيين ، ولم يعد يتردد على الهند .

قبل أن تصل تلك الرسالة إلى «نابليون بونابرت» ، تلقت فرنسا في الثالث من شهر ديسمبر من سنة ١٨١٠م ضربة أخيرة ، حيث استسلمت جزيرة «موريشيوس» وقائدها «ديكان» لقوة عسكرية بحرية بريطانية ، بقيادة الجنرال «أبر كرومبي» «Aber Cromby» ، وبذلك انتهت حقبة من التاريخ الفرنسي في تلك المنطقة ، وانتهى معها كل نشاط لفرنسا في البحر الأحمر .

في بداية سنة ١٨١١م ، استأذن السيد محمد بن عقيل من الشريف حمود أن يسمح له بالذهاب إلى المخا ، لاستلام سفينته المشتراة من جاوه ، فركب هو وعبد الله سفينته «السقاف» ، بقيادة كابتن «نيكولا آم» ، وتوجهوا إلى المخا . وهناك طلب حاكم المخا من كابتن «ردلاند» السعي لمنع السيد محمد ابن عقيل من الذهاب إلى الحديدة واللحية واللحية مرة

ثانية ، حتى لا يقدم مساعدة للشريف حمود في الحرب المتوقعة بينه وبين إمام اليمن ، فرفض كابتن «ردلاند» أن يقوم بذلك المسعى ؛ فقام السيد عبدالرحمن والسيد عبد الله ، أخوا السيد محمد بن عقيل ، ومعهما أحد أقاربهما ويدعى السقاف ، وكانوا يقيمون في المخا ، ونصحوه بألا يشترك مع الشريف حمود في حربه ضد إمام اليمن .

بقي السيد محمد بن عقيل متحالفا مع الشريف حمود ضد السعوديين ، حتى وقعت اتفاقية الصلح بين السعوديين والشريف حمود في بداية سنة ١٨١٢م ؛ عندها طلب السيد محمد بن عقيل من الشريف حمود السماح له بالرجوع إلى بلده ظفار ، وكان من حسن حظ السيد محمد بن عقيل أن إمام اليمن لم يتقدم لمحاربة الشريف حمود في تلك السنوات .

أبحر السيد محمد بن عقيل ومعه عبد الله بالسفينة المشتراة من جاوة إلى مسقط . أما السفينة «السقاف» ، فقد أبحرت بقيادة «نيكولا آم» إلى جنوب شرق آسيا .

حاول السيد محمد بن عقيل ، عندما زار مسقط ، التقرب من السيد سعيد بن سلطان بالهدايا ، لكنه لم يلق قبولا ، فرجع إلى بلده مرباط في ظفار .

منذ منتصف سنة ١٨١٢م وحتى نهاية سنة ١٨١٣م ، أخذت بريطانيا تتعقب سفن السيد محمد بن عقيل ، لإلقاء القبض عليه وإرساله إلى السلطات البريطانية في الهند لمحاكمته . لذلك استقر السيد محمد بن عقيل في ظفار لا يبرحها ، كما منع عبد الله من السفر في تلك الفترة .

تخلت بريطانيا في سنة ١٨١٤م عن تعقب السيد محمد بن عقيل ، فسمح لعبد الله بركوب

السفينة «السقاف» ، المتجهة إلى المخا .
وعندما وصلها ، شاهد سفينة أمريكية راسية
هناك . وفي صباح يوم من تلك الأيام ، وإذا
بزورق السفينة الأمريكية يجدف نحو السفينة
«السقاف» ، التي بها عبد الله . فقام البحارة
وأجبروا عبد الله على النزول إلى قاع السفينة ،
حيث حبسوه في إحدى الكبائن .

وصل الزورق وبه الأمريكيون إلى السفينة
«السقاف» ، وأخذوا يتفحصون وجوه البحارة ،
ثم سألوا عن عبد الله ، لكن البحارة لم يجيبوا
عن أسئلتهم ، وإنما شهروا أسلحتهم ، فما كان
من الزورق الأمريكي إلا الابتعاد عن السفينة
«السقاف» .

بعد أن أخرج عبد الله من الكبينة ، سأل
البحارة عن الزورق الذي كان يتجه نحو

سفينتهم ، وعن السبب الذي دفع بهم إلى سجنه . فأخبروه بأن ذلك كان زورقا أمريكيا جاء يبحث عنه ، فصرخ عبد الله قائلاً : «لا توجد قوة على الأرض تمنعني من أن أرمي بنفسي من على ظهر تلك السفينة ، حيث ألتجئ إلى أبناء بلدي وألقى الحماية لديهم» . ورمى بنفسه في البحر ، وأخذ يسبح تجاه السفينة الأمريكية . وركب بعض البحارة في زورق السفينة «السقاف» ، وانتشلوا عبد الله من البحر وهم يقهقهون ، بينما السفينة الأمريكية تنشر أشرعتها ، وتبحر مبتعدة عن السفينة «السقاف» حتى اختفت في الأفق .

كان السيد محمد بن عقيل ، بثروته العظيمة ، وكثرة رجاله ، وقوة سلاحه وعتاده ، قد استطاع أن يسيطر على كل مدن ساحل ظفار ، ما بين مرباط

وهيما في الغرب . ولم يشترك في الأحداث التي دارت في البحر الأحمر . ففي سنة ١٨١٧م ، قتل الشريف حمود في إحدى المعارك ، وخلفه ابنه من بعده ، فسلك مسلك والده ، حيث استمر بحربه الشرسة ضد إمام اليمن .

وفي بداية سنة ١٨١٩م ، استسلم ابن الشريف حمود للقوات المصرية التابعة لمحمد علي ، فاستولت على كل الأراضي التي كانت تابعة لوالده ، وأُخِذ ابن الشريف حمود مقيدا إلى إسطنبول ، كما تقدمت قوات مصرية أخرى إلى الدرعية ، وقضت على الدولة السعودية بكاملها .

كان عبد الله قبطاناً يجوب البحار على سفن والده ، السيد محمد بن عقيل .. وفي أحد أسفاره ، تقابل في المخا في شهر مارس من سنة

١٨١٩م ، بسفينة أمريكية ذات ساريتين تسمى «سيرين» «Syren» ، وتعرف على قبطانها كابتن «تشارلز كوك» «Charles Cook» ، ومساعده كابتن «وليام أوستن» «William Austin» ، وروى لهما قصته . وكان يتكلم اللغة العربية ، حيث نسي لغته الإنجليزية تماماً .

كانت أجوبة عبد الله ارتجالية ، وتصرفه ومحادثته كانت تدل على أن شعوره طيب ، ليس كما كان ينظر إليها الأمريكيون ، على أنها خزي كبير .

عرض كابتن «كوك» على عبد الله الرجوع إلى أمريكا ، وتقديم كل مساعدة وحماية يستطيع أن يقدمها له . أجاب عبد الله بأنه مغرم بزوجته وابنيه ، وأنه يعيش في رفاهية لا يتمنى غيرها ، وأن السيد محمد بن عقيل ودود له ولا يمكنه

فراقه ، وقد أقسم يميناً أمامه بأنه سوف يعود إلى ظفار ، وقال للأمريكيين: «أنا ارتباطي بكم بالدم فقط» .

قال كابتن «كوك» : «لنأخذ عائلتك معنا» .

أجاب عبد الله قائلاً : «ليست لدي الرغبة في الرجوع إلى بلدكم ، وخاصة في حياة السيد محمد بن عقيل ، فإن ذلك غير ممكن تماماً . وإن ولديّ اللذين أحبهما أفضل عندي من موضوع الحرية التي تعرضانها علي ، وأنا وعائلتي نفضل أن تكون رهائن لدى ولي أمرنا الذي تصفونه بأنه داهية» .

تأثر الأمريكيان بذلك الرد ، وظهر ذلك على وجهيهما ، فما كان من عبد الله إلا أن غيّر لهجته ، وقال إنه يحب بلده الأصلي ،

ومتحمس للرجوع إلى هناك ، لكن ذلك بعد
وفاة السيد محمد بن عقيل .

- ١٠ -

في الرابع من شهر مارس من سنة ١٨٢٩م ،
جنحت السفينة الشراعية ذات الساريتين «سولو»
«Swallow» ، التابعة لمدراس على شاطئ ظفار ،
فقام الأهالي بنهبها ، حتى إذا ما حضر السيد
محمد بن عقيل ، قام بحماية البحارة الإنجليز
وأرجع إليهم ما نهب منهم من أموال ، وقال
لهم إنه صديق للإنجليز ، ثم قام وأركبهم إحدى
سفنه وحمل أموالهم عليها وأرسلها إلى بومبي .

قامت حكومة بومبي بإرسال رسالة للسيد

محمد بن عقيل تشكره على صنيعه ، وقدمت له الهدايا ، وعرضت عليه منحة هي عبارة عن كمية من الأسلحة ، وكذلك إذا رغب أن يتاجر مع الهند ، فإن حكومة بومبي ستمنحه بعض الإعفاءات الجمركية .

لكن بعض أعضاء مجلس حكومة بومبي قام بالمطالبة بالقبض على السيد محمد بن عقيل ، وتقديمه للمحاكمة ، لما قام به ضد السفينة الأمريكية «إيسكس» ، وقتله مواطنا بريطانيا ، فلم تجد تلك الأصوات آذانا صاغية من قبل حاكم بومبي .

لم يكن السيد محمد بن عقيل ينتظر مزيدا من الثراء ، فلديه أموال كثيرة ، وتجارة عظيمة ، لكنه كان يتطلع إلى مُلك كبير .

كانت بريطانيا في تلك الفترة راضية عنه ، وفرنسا قد انتهى نفوذها في المنطقة ، والدولة العثمانية أخذت تبسط نفوذها من خلال محمد علي باشا ، يدهم المتنفذة في المنطقة ، فقرر السيد محمد بن عقيل الذهاب إلى مصر لمقابلة محمد علي باشا . فركب سفينته ومعه عبد الله وحاشيته ، وحمل معه الهدايا ، وتوجه في بادئ الأمر إلى جدة ، حيث دعاه باشا مكة العثماني لزيارته في الطائف ، فتوجه هو ومن معه إلى مكة ، حيث وصلها في الخامس والعشرين من رمضان من سنة ١٢٣٨هـ ، فاعتمر هو وعبد الله ومن معهما ، ثم توجهوا في اليوم نفسه إلى الطائف .

قابل السيد محمد بن عقيل باشا مكة في الطائف ، فطلب منه أن يتوسط بينه وبين شيوخ

عسير ، حيث إن مخالفات كثيرة قد وقعت هناك .

رجع السيد محمد بن عقيل ومن معه إلى مكة ، فقابل علماءها وأعيانها ، فاشتكوا له من معاملة الباشا العثماني السيئة لهم ، فطلب منهم أن يكتبوا شكاوى لمحمد علي باشا في مصر ، ويمهروها بأختامهم ، وهو بدوره سيرفعها له .

كان للسيد محمد بن عقيل ما أراد ، فنقل تلك الرسائل إلى محمد علي باشا في مصر ، فوجده متعطشا لبسط نفوذه في كل مكان .. فقدم له الأموال والهدايا ، وعرض عليه ضم ظفار إلى الدولة العثمانية ، على أن يعيّن هو شريفا على مكة من قبل العثمانيين . فقال له محمد علي باشا إن المطلوب سيتم ، ولكن مراده نقل الشكاوى باللغة التركية ، ثم رفعها للسلطان

محمود ، ووعد السيد محمد بن عقيل بأن ينتظر الجواب في شهر جمادي من السنة التالية .

رأى السيد محمد بن عقيل في مصر أشياء لا يصدقها عقل ؛ فقد وجد لدى محمد علي باشا القوة والأهلية ، والسفن الحربية ، والحرف بأنواعها ، وله في تلك سياسات عظيمة ، حتى أن الذي دخل مصر سابقا لا يعرفها إن زارها مرة ثانية .

رجع السيد محمد بن عقيل إلى ظفار وأخذ ينتظر سرعة إنجاز الوعد الذي أعطاه إياه محمد علي باشا ، فطال انتظاره .

تيقن السيد محمد بن عقيل أن طموحاته لن تتحقق ، فالتفت إلى بلده ظفار ، وأضاف إليها مناطق كثيرة ، شملت سنة ١٨٢٤م ، كل إقليم

ظفار ، كما وصلت إلى وادي حضرموت ، أو ربما وادي المسيلة المؤدي إلى وادي حضرموت . ونعمت تلك المنطقة بالاستقرار والازدهار ، فبنى السيد محمد بن عقيل القرى ، وأقام المزارع والمتاجر ، حتى أصبحت منطقة تجارية عظيمة ، وجعل صلالة عاصمة لمملكته .

كانت قبيلة القرا تعيش في المرتفعات القريبة من مرباط ، وتمتعت بعدالة حكومة السيد محمد بن عقيل ، فقد كانت تتاجر مع قرى الساحل بكل حرية وأمان .

كانت عادة سكان تلك المرتفعات النزول إلى قرى الساحل بعد الإفطار ، في شهر رمضان لشراء حاجياتهم . وفي ليلة من ليالي رمضان من سنة ١٨٢٩م ، كان السيد محمد بن عقيل في طريقه ، عائداً من مرباط إلى صلالة في

حراسة عدد قليل من عبيده ، وإذا برصاصة تنطلق من جانب وادي الدمر ، وتصيبه إصابة بليغة . هرب العبيد من حوله في تلك اللحظة ، فأجهز رجال مجهولون بخناجرهم عليه .

كـان مدبـر الاغتيـال هو الشيخ سالم بن ثوري ، ابن قحطان زعيم القرا ، انتقاماً لمقتل أحد أقربائه ، قبل بضع سنوات ، على يد قوات السيد محمد بن عقيل ، عندما حاول إخماد بعض الاضطرابات .

دُفن السيد محمد بن عقيل قريبا من مكان الحادث ، على جانب الطريق بين وادي الدمر ومرباط .

- ١١ -

تـرك السـيد محمد بن عقيل برحيله
فراغاً كبيراً ، وتخوفاً من عودة حالة الفوضى
والانقلابات ، ولم يكن باستطاعة أحد ملء ذلك
الفراغ ، حيث كان عبد الرحمن بن عقيل ،
شقيق السيد محمد ابن عقيل ، مشغولا بتجارته
في الهند ، وعبد الله بن محمد يقود إحدى
سفن السيد محمد بن عقيل إلى الهند . فوصلت
الأنباء إلى مسقط عن مقتل السيد محمد بن
عقيل ، فبادر السيد سعيد بن سلطان بإرسال

قوة إلى ظفار ، للمحافظة على ملك السيد محمد بن عقيل ، وبعث لعبد الرحمن بن عقيل في بومبي ، بأن يعود إلى ظفار لاستلام ملك أخيه .

رفض عبد الرحمن بن عقيل ذلك العرض ، مدعياً أنه مشغول بتجارته ، وقد استقر في الهند ، ولا يرغب في العودة إلى ظفار . فبحث السيد سعيد بن سلطان عن أبناء للسيد محمد بن عقيل ، فقيل له إن له اثنين من الأبناء ، فأمر أن ينصب أحدهما مكان والده . ولكن تبين له بعد ذلك أنهما محمد وأحمد ابنا عبد الله ابن محمد ، وأن السيد محمد بن عقيل ليس له أبناء .

وصل عبد الله بن محمد بسفينته إلى مسقط ، فوجد أخبار وفاة والده قد سبقته إلى هناك ، فاتصل بالسيد سعيد بن سلطان ، الذي طلب منه أن

يقود سفينته الحربية «ليفربول» «Liverpool» ذات الأربعة وسبعين مدفعا ، ويركب القوة المتواجدة في ظفار ، ويتوجه مع الحملة إلى ممباسا ، لإخماد الثورة التي قامت في سنة ١٨٣٠م . وتوجه عبد الله إلى ظفار ، حيث زار أهله واطمأن عليهم ، ثم خرج مع الحملة المكونة من السفينة «ليفربول» وعدد كبير من السفن العربية ، تحت قيادة أحد القادة العمانيين .. واتجهت إلى ممباسا .

وصلت قوات السيد سعيد بن سلطان إلى ممباسا ، واستطاعت تخليص المدينة من قبضة الثوار ، بعد ثلاث حملات على المدينة . جرح عبد الله بن محمد في فخذه في واحدة من تلك الحملات ، وقد شفي من ذلك .. فقرر العودة إلى ظفار في شهر فبراير من سنة ١٨٣٢م .

قبل رحيله ، شاهد عبد الله سفينة أمريكية ترسو في ممباسا ، فتعرف على قبطانها كابتن «بيرنهام» «Burnham» ، وإذا بالسفينة من «سيلم» ، موطنه الأصلي ، وتسمى «كمبلكس» «Complex» . قال عبد الله بن محمد للكابتن «بيرنهام» ، إنه مولود في «سيلم» ، وإن له أقارب هناك . عرض عليه كابتن «بيرنهام» الرجوع إلى «سيلم» ، خاصة وأنه قد وعد كابتن «كوك» بالرجوع إلى الولايات المتحدة الأمريكية بعد وفاة السيد محمد بن عقيل ، لكن عبد الله رفض ذلك قائلاً إنه ليس لديه الرغبة في الذهاب إلى الولايات المتحدة ، بعد وفاة السيد محمد بن عقيل .

بعد غياب دام أكثر من سنة ، عاد عبد الله بن محمد إلى ظفار ، ليجدها قد تجزأت إلى

مشيخات صغيرة ، كل شيخ يحكم مدينة أو قرية . أما مدينته مرباط ، والتي نشأ بها ، فقد استولت عليها قبيلة القرا ، بقيادة الشيخ أحمد مكيعات ، والذي اتخذها عاصمة لقبيلته ، بعد أن هجرها كثير من سكانها حتى غدت بيوتها أطلالاً ، فقام أهل القرا وأسكنوها بدواً من قبيلتهم ، فكان عدد سكانها بين ١٥٠– ٢٠٠ نفس .

تأثر عبد الله بما أصاب ظفار عامة ، ومرباط خاصة ، وقد حضر لديه كثير من أهالي مرباط ، الذين نهبت أموالهم بواسطة رجال قبيلة القرا .

استقر عبد الله بن محمد في صلالة ، حيث زاره في سنة ١٨٣٥م كابتن «هينز» «Haines» ، من البحرية الهندية التابعة لبريطانيا ، وبعدها زاره كابتن «كروتندن» «Cruttenden» ، قبطان

السفينة «بالينورس» «Palinurus» ، وفي نهاية سنة ١٨٣٥م ، زاره «جون أوزغود» «John Osgood» ، مسؤول السفينة الأمريكية «سيلم» ، فوجدوه قانعا بوضعه الاجتماعي .

نما إلى علم عبد الله بأن الشيخ أحمد مكيعات هو الذي قتل السيد محمد بن عقيل ، بأمر من الشيخ سالم ، ابن ثوري بن قحطان .. فغضب غضبا شديداً ، وأقسم لينتقم لوالده السيد محمد ابن عقيل . نظر عبد الله حوله ، فلم يجد من يساعده في أخذ ثأره ، فاتجه إلى المهرة ، واتفق معهم على أن يساعدوه في حربه لقبيلة القرا ، فوافقوه على ذلك .

وصل رجال المهرة في زوارق ليلا عند مصب وادي الدمر . وكان عبد الله وابناه محمد وأحمد في انتظارهم .

تقدمت تلك القوة إلى مرباط ، فدخلتها صباحاً ، واستولت على القلعة . انشغل رجال المهرة بنهب البيوت ، وتعقب الفارين منهم إلى القرى المجاورة ، مما مكّن الشيخ أحمد مكيعات ومن معه من الهروب إلى وادي الدمر ، فتعقبهم عبد الله بن محمد وابناه ، ودارت معركة في ذلك الوادي ، أخذ فيها رجال القرا يتساقطون واحدا تلو الآخر ، على يد عبد الله ، وإذا ببندقية ابنه محمد عن يمينه تصمت ، وبعد قليل صمتت بندقية ابنه أحمد عن يساره ، وخيم سكون على ذلك الوادي .. زحف عبد الله إلى يمينه ، فوجد ابنه محمدا مضرجا بدمائه وقد فارق الحياة ، فضمه إلى صدره ؛ ثم زحف يسارا ، فإذا به يشاهد ابنه أحمد وقد اخترقت جبينه رصاصة ، فأجهش بالبكاء ، ثم قام عبد الله

ليرفع ابنه من موقعه ، وإذا برصاصة تخترق فخذه فتسقطه أرضا .

خرج الشيخ أحمد مكيعات من مخبئه محاولا الهرب ، فانطلقت رصاصة من بندقية عبد الله أسقطته على وجهه ، فقام محاولا الهرب بعد أن فقد بندقيته ، فلحقه عبد الله ، وأدركه عند موقع مقتل السيد محمد بن عقيل . استل عبد الله بن محمد خنجره ، وأخذ يطعن به غريمه حتى فارق الحياة .

كان جرح عبد الله بن محمد ينزف دماً ، فتحامل على نفسه للوصول إلى مرباط ، لكنه بعد مسافة قليلة تعب ، ولم يستطع مواصلة السير ، فاستند إلى شاهد قبر هناك . كان ذلك قبر السيد محمد بن عقيل ، فوضع رأسه على ذلك القبر ، وأخذ يرثيه .

كانت مجموعة من رجال المهرة تبحث عن عبد الله في كل اتجاه ، حتى إذا ما وجدوه ، أخبرهم بما حدث ، فأحضروا جثتي ابنيه ، فصلى برجال المهرة عليهما ، وواراهما التراب بالقرب من قبر السيد محمد بن عقيل .

نُقِل عبد الله بن محمد إلى قلعة مرباط لعلاجه ، وهناك أخذ اثنان من رجال المهرة ، وهما يخمدان جرحه ، وهناك أخذ اثنان من رجال المهرة ، وهما يضمدان جرحه ، يسألانه عن أصله ، لأنه كان يتردد بين أهل المهرة بأنه غير عربي ، فأخذ عبد الله يروي قصته .

حتى إذا ما انتهى من روايتها ، دخل عليه أحد رجال المهرة وهو يصيح .. يا شيخ .. يا شيخ عبد الله .. أنت اليوم شيخ القرا .. وهذه شيوخ القرا كلها جاءت تبايعك .. بايعت شيوخ

القرا على أن يصبح عبد الله بن محمد شيخاً عليهم .

عاش عبد الله بن محمد شيخاً لقبيلة القرا مدة طويلة من الزمن . وكان يلقب بالشيخ الأبيض ، وقد تزوج في أواخر حياته بالسيدة «بريكون» ، التي أنجبت له بنتين ، توفيت إحداهما بعد وفاته ، وعاشت ابنته حرير ، فأعقبت الأولاد .

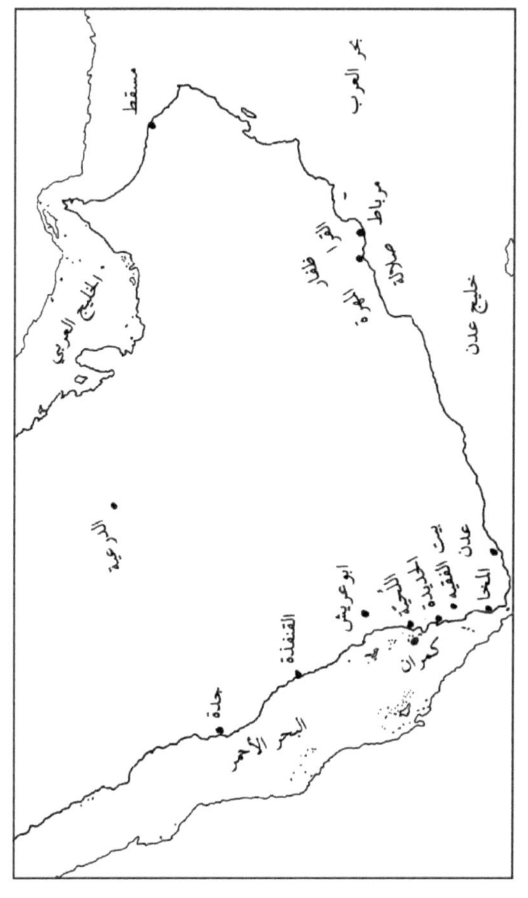

(خريطة شبه الجزيرة العربية)

المصادر

أولاً : الوثائق :

أ– الوثائق العربية :

١- بضائع التابوت في تاريخ حضرموت ، مخطوط، بقـلم السيد عبد الرحمن بن عبيد الله السقاف ، ويقع في ثلاث مجلدات كبيرة ، لدى السيد محسن بن علوي السقاف ، جدة ، المملكة العربية السعودية .

٢- مجموعة مكاتبات الحبيب طاهر بن حسين العلوي ، مكتبة الأحقاف ، تريم ، حضرموت .

ب – الوثائق الإنجليزية :

1- American Antiquarian Society, Memorandum by Captain Charles Cook of brig Syren. William Bentley Papers, Box 5, Folder 13, np

2- Bombay Archives Secret & Political Department, Diary no. 154, 157, 183, 184, 187- 189, 191, 193- 195, 197, 199, 205, 243.

3- B. A, Political Department, Diary no. 343, 350, 357, 358, 361, 364, 378, 379, 381 & Vol. no. 14/34.

4- B. A, Secret Department, Diary no. 278 - 280, 285, 299.

5- IOR, Bombay Political Records, P/ 284/ 62 - 63, 70 - 71, p/385/1.

6- Ministry of Foreign Affairs, Paris, Correspondence Consulair, Muscat, Old Service, Vol. 1.

7- Peabody Essex Museum, 656 C, Journal of a voyage in the Salem ship, Caroline: 18 Nov. 1821 to 1923.

8- Peabody Essex Museum, Diaries: William Austin, np.

9- Peabody Essex Museum, Captain William Austin
Memorandum book, William Orne Papers, MS41:
Box 32, folder 2, np.

10- Phillips Memorial library, Essex Institute, Salem
Box 6, fldr. 4, Mss 134, Essex Fire & Marine,
Paper Ship Essex, 1805 - 1911.

11- Public Records Office, Admirals in letters,
ADM1/171, 175-179.

ثانياً – الوثائق المنشورة باللغة الإنجليزية:

1- Cruttenden, C. J, Journal of an Excursion from
Morebat to Dyreez, the Principal from Morebat to
Dyreez, the Principal town of Dofar, Transaction
of the Bombay Geographical Society, 1, 1836
-1938, 73.

2- Eilts, H. F., Sayyed Muhammed bin Aqil of Dhufar:
Malevolent or Maligned, Essex Institute Historical
Collection, Salem, Massachusetts, 1973.

3- Felt, Joseph, Annals of Salem, Vol. 11. Salem
Massachusetts, 1849.

4- Hains. S. B., A Description of the Arabian Coast commencing from the entrance of the Red Sea, and continuing as far as Messenaat. IOL, ST. 393, 1852 - 43.

5- Phillips, J. D., Loss of the Ship Essex in 1806, Essex Institute Historical Collection, LZZVII (October 1941).

6- Phillips, J. D., William Orne: A Distinguished but Forgotten Merchant, Proceedings of Massachusetts Historical Society, Volume 67, May 1924, PP. 168 - 177.

7- Saldanha, J. A., Selections from State Papers, Bombay, regarding the East India Company's connection with the Persian Gulf, Calcutta, 1908.

8- Salem Gazettes, Oct. 28, 1806, Nov. 4, 1806.

9- Salem Register, Oct. 30. 1806.

ثالثاً : الكتب :

أ- الكتب العربية :

١- البهكلي ، الشيخ عبد الله بن أحمد ، نفح العود في سيرة دولة الشريف حمود . مطبوعات الملك عبد العزيز ، الرياض ، ١٩٨٢م .

٢- الزركلي ، خير الدين . الأعلام ، قاموس تراجم لأشهر الرجال والنساء من العرب والمستعمرين والمستشرقين . دار العلم للملايين ، بيروت .

٣- العقيلي، محمد بن أحمد . تاريخ المخلاف السليماني . من منشورات دار اليمامة للبحث والنشر ، الرياض .

٤- القاسمي ، سلطان بن محمد ، الاحتلال البريطاني لعدن ، دار الغرير للطباعة والنشر ، دبي ، ١٩٩٢م .

٥- القاسمي ، سلطان بن محمد ، العلاقة العمانية الفرنسية ، دار الغرير للطباعة والنشر، دبي ، ١٩٩٣م .

ب – الكتب الإنجليزية:

1- Bent, Mr and Mrs, Southern Arabia, Smith Elder & CO., London, 1990.

2- Kelly, J. B., Britain and Persian Gulf 1795 - 1880, (Oxford at the Clarendon Press, 1968).

3- Lorimer, J. G., Gazetteer of the Persian Gulf, Oman and Central Arabia, 2 vols. Calcutta, 1908 - 15.

4- Miles, S. B., The Countries and Tribes of the Persian Gulf, Frank Cass & Co. Ltd., 1966.

5- Owen, T.W.T., Narrative of Voyages to Explore the shores of Africa, Arabia and Madagascar, London, 1933.

6- Smith, P.C.F., The Frigate Essex papers, Peabody Museum of Salem, 1974.

7- Valentia, G. V., Voyages and Travels to India, Ceylon, the Red Sea, Abyssinia and Egypt in the years.